Faszination BergWasser

Die schönsten Wasserlandschaften der Schweiz

Fotos · Roland Gerth   Texte · Emil Zopfi

AS Verlag

Wir danken allen Institutionen, die mit ihrer Unterstützung die Realisierung dieses Buches ermöglicht haben:

Lotteriefonds des Kantons Bern
Pro Natura
Stiftung Landschaftsschutz Schweiz (SL-FP)
Swisslos / Kulturförderung, Kanton Graubünden

www.as-verlag.ch

© AS Verlag & Buchkonzept AG, Zürich 2014
Gestaltung und Herstellung: AS Verlag, Urs Bolz, Zürich
Korrektorat: Pablo Egger, Speicher
Druck: B & K Offsetdruck GmbH, Ottersweier
Einband: Grossbuchbinderei Josef Spinner GmbH, Ottersweier
ISBN 978-3-906055-17-6

Vorsatz: Kunst der Natur im Tessin. Unablässig formt die Verzasca die Gneisbrocken in ihrem Bett zu Skulpturen; die Farbe des Gesteins gewinnt im Wasser eine besondere Leuchtkraft.

Neben Titel: Veränderung der Natur am Gauligletscher im Berner Oberland. Durch den Rückzug der Gletscherzunge in den vergangenen Jahrzehnten ist ein See entstanden. Im Hintergrund der Gipfel des Bärglistocks im Morgenlicht.

Folgende Doppelseite: Schutz der Natur auf der Greina zwischen Graubünden und Tessin. Der engagierte Einsatz von Naturfreunden hat die unberührte Naturlandschaft der Hochebene vor der Überflutung durch ein Kraftwerksprojekt gerettet.

Natur – schön und gut!

«Natur ist ja schön und gut, aber…» So argumentiert der Zeitgeist oft. Natur muss zunehmend in einer geldgetriebenen, wirtschaftlichen Logik Rechenschaft ablegen. In dieser Sparte kann Natur nicht mithalten. Einzig beschlagwortet mit dem Begriff «Inwertsetzung» erhält die Natur in dieser Logik – scheinbar – einen Geldwert. Wenn Tourismusregionen die Schönheit der Natur mit Hängebrücken, Aussichtsplattformen, Sommerrodelbahnen, Sessel- und Gondelbahnen und Golfplätzen inszenieren wollen, dann heisst das oft «inwertsetzen». Nur mit solcher Staffage hat die Natur auf dem Geld-Feld einen Wert. Vergessen geht dabei, dass «Inwertsetzung» in Wahrheit meist ebendiese Natur beschädigt – also in Wirklichkeit entwertet. Diese Optimierungs- und Maximierungsoptik greift zu kurz. Das führt uns das Buch «Bergwasser» von Roland Gerth und Emil Zopfi als eigentliche Ode an die Schönheit eindrücklich vor Augen. Denn wir dürfen und sollen auch sagen: «Natur, schön und gut. Punkt.»

Es ist die Stärke dieses Buches, dass es auf eindrückliche Art die schiere Schönheit der Natur und der Wasserläufe ins Zentrum stellt. Natur ist einfach schön – scheinbar nutzlos schön. Das Buch «argumentiert» für die Natur auf einem Feld, auf dem ihr nichts und niemand das Wasser reichen kann, dem Feld der Schönheit und der Faszination. Auf diesem Feld ist die Natur unschlagbar.

Roland Gerth und Emil Zopfi laden uns alle ein, die Schönheit der unverdorbenen Natur zu geniessen. Uns an ihrer Urtümlichkeit zu erfreuen. Sie stimmen ein Loblied auf die faszinierende Vielfalt Natur an. Das Buch «Bergwasser» ist ein sinnliches Plädoyer für die Bewahrung dieser Schönheit. Wir sehen im Blick des Buches auf das «unnütze» Wesen der Natur eine Stütze unserer Bemühungen zum Erhalt der Natur-Schönheiten in der Schweiz. Pro Natura setzt sich mit ihren 118 000 Mitgliedern seit mehr als 100 Jahren für die Natur ein. In über 600 Pro-Natura-Naturschutzgebieten verschonen wir die Natur vor einer einseitigen Nutzen-Logik. Wir sorgen auf dem politischen Parkett dafür, dass Gesetze, die das Schöne – aber auch das ökologisch Notwendige – der Natur schützen, stark bleiben oder stärker werden. Wir wollen unseren Kindern die Schönheit der Natur näherbringen, indem wir sie an Schulen und in unseren Jugendnaturschutzgruppen zeigen und erlebbar machen. Und wir kämpfen gerade in den Alpen vielerorts für das Schöne, wo es durch schrille «Inwertsetzung» bedroht ist. Werke wie das von Roland Gerth und Emil Zopfi helfen uns dabei mit Bildern, die das Herz der Menschen berühren. Vielen Dank!

Urs Leugger-Eggimann
Zentralsekretär Pro Natura

Der Klang des Wassers am Berg

Emil Zopfi

Wassermusik Wenn wir durchs Gebirge wandern, sind wir auf Schritt und Tritt vom Klang des Wassers umgeben. Der Bach rauscht neben dem Weg, über einen Felsen rieselt ein Rinnsal, in der Schlucht tost ein Wasserfall über die Wand. Es beginnt zu regnen, schwere Tropfen prasseln auf die Blätter der Buchen, klatschen in Pfützen. Auf der Alp fällt Schnee, dämpft das Geräusch unserer Schritte. Ein Windstoss kräuselt die Oberfläche des Teichs am Fuss des Gletschers, Gischt schäumt übers Geröll am Ufer. Vorsichtig überqueren wir das Eis, in den Spalten und Schründen unter uns gurgelt und gluckst das Schmelzwasser. In der Nacht reisst der Himmel auf, wir treten vor die Hütte, lauschen dem fernen Rauschen der Kaskaden in den Wänden der Berge rundum, dem Krachen des berstenden Eises im Gletscherbruch, dem monotonen Plätschern des Brunnens. Die Klänge des Wassers bilden ein Orchester mit wechselnden Stimmen und Stimmungen, heftig und sanft, flüsternd und lockend. Eine Melodie der Berge, die uns umfängt und nie verstummt. Unser Atem wird ruhig, die Zeit scheint stillzustehen.

Zu Eis gefrierend
und wieder zersplitternd –
in der Felsenschlucht
ächzt und klagt bei Morgengrauen
die Stimme des Bergbachs
Fujiwara no Toshinari (Shunzei), «Shinkokinshū, Tanka Nr. 631»

Wasserkreislauf Was wären die Berge ohne Wasser? Ein Chaos aus Felstrümmern, Lavahalden, Geröll und Klüften, gefüllt mit Vulkanasche, in der Sonne glühenden Hochebenen, über die Sandstürme fegen. Berge ohne Wasser wären Wüsten ohne Leben und Vegetation. Doch Berge ohne Wasser gibt es nicht auf diesem Planeten. Die Berge sorgen selber für ihr Lebenselement, sie holen sich das Wasser vom Himmel, es sammelt sich an ihren Flanken, Rinnsale werden zu Bächen und Flüssen, die schliesslich ins Meer münden. Das Wasser verdunstet, aufgeheizt durch die Energie der Sonne, der Wind treibt die Luft über Land, sie steigt an den Bergflanken auf, kühlt sich ab, es regnet und schneit. Berg und Wasser bilden eine Symbiose, den ewigen Kreislauf, der das Leben auf der Erde erst möglich macht. Was diese Symbiose bewirkt, zeigt sich bildhaft in diesem Band: Berglandschaften von natürlicher Schönheit. Bäche mäandern durch Wiesen, in denen Flockenblumen und Nelkwurz wachsen. In abgründigen Bergseen spiegeln sich Bergketten und Gipfel. Wasserfälle stieben über senkrechte Wände, im Winter erstarren sie zu Eisskulpturen. Zwischen Felsklippen tief eingefressener Schluchten wuchert Geissbart. Über von Gletschern rund geschliffene Felsstufen aus hartem Gestein fliesst kristallklares Wasser, Nebelschleier schweben über kalten Gewässern. Ein Gletscher, dessen Zunge abschmilzt, lässt Moränenschutt und Ödland zurück, ein Mahnmal des Klimawandels. Doch um den neu entstandenen See im Gletschervorfeld spriessen nach kurzer Zeit Pionierpflanzen, bereiten den Boden für eine vielfältige Vegetation. Die Bilder dieses Buches erzählen von ständiger Bewegung und Veränderung. Jahreszeiten kommen und gehen, Frost sprengt den Fels, Lawinen reissen Bäume, Gebüsche und Geröll zu Tal, Bergstürze stauen Seen und bilden neue Biotope. Unablässig arbeitet das Wasser am Berg, schleift den Fels ab, hobelt und sprengt ihn und trägt ihn hinweg, Stein um Stein, Sandkorn um Sandkorn. Hinab ins Tal, in die Flüsse und Seen und ins Meer, wo wieder neue Schichten wachsen, sich verfestigen zu Sedimenten, zu Sandstein, Schiefer, Kalk: Gestein, das die Gebirge der Zukunft bilden wird. Auch der Baustoff der Berge bewegt sich in einem ewigen Kreislauf.

Woher kommen die höchsten Berge? so fragte ich einst.
Da lernte ich, dass sie aus dem Meere kommen.
Dies Zeugnis ist in ihr Gestein geschrieben und in die Wände ihrer Gipfel.
Aus dem Tiefsten muss das Höchste zu seiner Höhe kommen.
Aus: Friedrich Nietzsche, «Also sprach Zarathustra»

Wasserbilder Der Fotograf Roland Gerth ist am Wasser aufgewachsen, am Bodensee. Ein Seebub, vertraut mit dem Element von Kindheit an, fasziniert vom Wasser in allen Erscheinungsformen in der Natur. Sein Grossvater schenkte ihm eine alte Kamera und weckte damit sein Interesse für die Fotografie. Neben der Berufsarbeit als Primarlehrer erwarb er autodidaktisch das fotografische Handwerk, entwickelte es auf Reisen durch Süd- und Nordamerika weiter. Schliesslich machte er sich als Natur- und Reisefotograf selbstständig: «Meine Leidenschaft gilt spektakulären Naturlandschaften, die ich auf allen Kontinenten aufspüre. Aber auch in der Schweiz bin ich viel abseits der üblichen Touristenpfade unterwegs, um die Schönheit meiner Heimat in speziellem Licht einzufangen.»

Vielleicht hat den Seebub schon früh die Frage bewegt, die sich viele Kinder stellen, wenn sie am Wasser leben: Woher kommt es denn? Wo entspringt zum Beispiel der Rhein? Wie sieht es aus dort oben, wo der Fluss noch ein Rinnsal ist, ungezähmt über Felsen stürzt. Gibt es eine Quelle, aus der das Rheinwasser fliesst? So etwas vielleicht wie die Rinquelle am Walensee, wo ein mächtiger Wasserstrom direkt aus einer senkrechten Felswand schiesst? Oder die geheimnisvolle, siebenstrahlige Quelle der Simme?

Roland Gerth hat sich mit seiner Kamera auf den Weg gemacht zu den Ursprüngen der Wasserläufe in den Schweizer Alpen, dort wo das Wasser noch rein ist und kristallklar über Felsplatten fliesst, die in allen Farben schimmern im Sonnenlicht. Er hat sich Zeit genommen, hat gewartet, bis das Licht stimmt, vor Sonnenaufgang zum Beispiel, aber auch bei Sturm und Regen oder in der Nacht. Dazu hat er oft in Berghütten, im Zelt oder im Auto übernachtet, hat auch lange Anmärsche nicht gescheut. Bilder vom Wasser leben vom Licht; Wasser ist ein optisches Medium, jeder Tropfen an einem Grashalm ist eine Linse, die das Licht in seine Spektralfarben bricht. Aus der stäubenden Gischt eines Wasserfalls leuchtet uns ein Regenbogen entgegen. Die Farben der Steine wirken am Grund eines Gewässers intensiver als an der Luft. Wasseroberflächen sind aber auch Spiegel; um ihre Wirkung einzufangen, braucht es besondere Geduld, denn kein Windhauch darf dabei den Bergsee bewegen.

Betrachtet man die Fotos dieses Buches, so wird das Wasser lebendig, es beginnt zu fliessen, zu flüstern, zu klingen, zu erzählen. Wenn auch wir uns Zeit nehmen, wie der Fotograf, und uns in ein Bild vertiefen, so können wir allmählich den Klang eines Bildes vernehmen. Was für ein Lied singt uns das Bergwasser am Beginn seiner Reise ins Meer, was erzählt ein tosender Wasserfall oder ein beschaulich durch eine Alpwiese gurgelnder Bach? Ein Spiel kann es werden, dieses Buch zu durchblättern und nicht nur zu betrachten, zu staunen, zu bewundern, sondern auch zu hören: den feinen Klang, das zarte Rauschen oder auch das gewaltige Orchester des Wassers, das ein Bild erzeugt. Erinnerungen aus der Kindheit steigen auf, jener Ausflug mit den Eltern an den Fählensee im Alpstein, zu den Wasserfällen des Trümmelbachs im Lauterbrunnental oder zum Baden zwischen den rundgeschliffenen Felsbrocken der Verzasca im Tessin.

Tief in den Bergen
an der Kiefernholztür
die nichts vom Frühling ahnt
stetiges Tropfen: Wasser-Perlen
vom tauenden Schnee
Shikishi Naishinnō, «Shinkokinshū, Tanka Nr. 3»

Wassersagen Unsere Vorfahren fürchteten die Berge und verehrten sie zugleich. Die Kelten sahen in den Gletschergipfeln Schneegöttinnen. Bergnamen wie Jungfrau oder Wyssi Frau der Blüemlisalp zeugen noch von ihrem Kult, für den die Berge eine Quelle der Fruchtbarkeit waren. Frühe Kulturen, die am Fuss der Alpen Ackerbau betrieben, waren auf das Bergwasser angewiesen, das die Gletscher speichern für Zeiten der Trockenheit. Auch das bekannte, weithin sichtbare Vrenelisgärtli in den Glarner Alpen gehört zum Reigen der keltischen Schneegöttinnen. Das Motiv der Fruchtbarkeit prägt die Sage vom Vrenelisgärtli, will doch die Verena auf dem Gipfel, wo das Gletscherfeld glitzert, einen Garten pflanzen. In christlicher Tradition wird die Verena als Heilige des Wassers verehrt; in Bildern oder auch im Wappen von Stäfa am Zürichsee hält sie in der einen Hand einen Krug, in der andern einen Kamm. Verena wird dargestellt als Heilerin in Pestzeiten, das Wasser im Krug diente der Hygiene, der Kamm zum Auskämmen der Läuse aus den Haaren. Mehrere Heilquellen, Bäder und Brunnen nördlich der Alpen sind nach Verena benannt – zum Beispiel das Verenabad in Baden, die Einsiedelei St. Verena bei Solothurn oder das Verenamünster in Bad Zurzach – der Ort ist ein Zentrum des Verenakults. Die Verenafigur verbindet die Berg- und Gletscherwelt mit dem Wasser, das Fruchtbarkeit und Heilung verspricht.

Eine ganze Reihe von Alpensagen dreht sich um Wasser und Gletscher. Eine Alp wird durch einen Gletscherbruch verschüttet, weil die Älpler frevelten, das heisst ein altes Gesetz brachen. In der Sage von der Blüemlisalp führt der Senn mit einer Geliebten ein lasterhaftes Leben und behandelt seinen alten Vater schlecht. Im Ürbachtal im Oberhasli ist es eine Sennerin, die einen Bettler fortjagt und beschimpft und damit den Untergang der Alp verschuldet.

Der historische Hintergrund dieses Sagenmotivs, das man an mehreren Orten in den Alpen findet, ist vermutlich das Ende der mittelalterlichen Warmzeit, die zwischen 1100 und 1300 den Bergbewohnern eine fruchtbare Zeit bescherte. Während

Wasser ist ein optisches Medium, jeder Tropfen an einem Grashalm ist eine Linse, Wasseroberflächen sind Spiegel, wenn sie kein Windhauch bewegt: Der untere Murgsee im Murgtal.

Das Wasser wird lebendig, es beginnt zu fliessen, zu flüstern, zu klingen, zu erzählen: Der Alpbach im Toggenburg.

Unablässig arbeitet das Wasser am Berg, schleift den Fels ab, hobelt und sprengt ihn und trägt ihn hinweg, Stein um Stein, Sandkorn um Sandkorn: Die Verzasca im Tessin.

Frühe Kulturen am Fuss der Alpen waren auf das Bergwasser angewiesen, das die Gletscher speichern für Zeiten der Trockenheit: Der Grosse Aletschgletscher im Wallis.

jener Periode siedelten sie viel höher im Gebirge, bauten Getreide und Wein an, wo heute nur noch Schafe karges Berggras finden. Eine Walliser Sage erzählt, dass auf dem Theodulpass auf über 3000 Metern über Meer das ganze Jahr über Menschen gewohnt hätten, am Fusse des Matterhorns hätten Rinder und Schafe auf fetten Wiesen geweidet. Für das spätere Vorstossen der Gletscher fanden sie die verschiedensten sagenhaften Erklärungen. Zum Ende der Warmzeit mussten viele Siedlungen aufgegeben werden, zum Beispiel die Walsersiedlungen im Weisstannen- und Calfeisental im St. Galler Oberland. Auch die Verena der Sage ging auf dem Vrenelisgärtli schliesslich im Schneegestöber unter, samt ihrem Gartenwerkzeug und dem Käskessel, den sie sich als Schutz über den Kopf hielt. Ihr Verschwinden hat weniger damit zu tun, dass sie im Übermut «Gott versuchte», wie es in der Sage heisst, sondern mit dem Absinken der Schneegrenze zum Ende der Warmzeit. Das Klima hat sich schon immer verändert, könnte man daraus schliessen. Die historischen Klimaveränderungen können jedoch nicht mit der aktuellen verglichen werden, sie waren nicht vom Mensch gemacht und vollzogen sich viel langsamer als jene, deren Folgen wir beobachten können – auch auf Bildern in diesem Buch.

Auf den Weiden von Darlun oberhalb der Alp Scharboden liegt ein Gletscher. Man hat erzählt, ein Jäger sei einst hinaufgegangen und habe im Gletscher ein Stück von einem Kirchturm gesehen – so schien es ihm. Und er ist auf einer vom Schnee verwehten Treppe aus Eis in die Kirche getreten und hat gesehen, dass sie voller Leute war, die aber alle tot waren. Bei der Berührung ist alles zu Staub zerfallen.
Aus: Peter Keckeis (Hrsg.), «Sagen der Schweiz, Graubünden»

Wasserwunder Ein Tabubruch war in früheren Zeiten offenbar auch das Baden in Bergseen. Heute geniessen wir nach einer heissen Bergtour das kühle Nass, doch ein abflussloser See wie etwa der Fählensee im Alpstein oder der Lago di Tom im Tessin sind uns noch immer ein wenig unheimlich. Wohin fliesst das Wasser, wo tritt es wieder zutage? Gibt es irgendwo einen Wirbel, der uns beim Baden in die Tiefe reissen könnte? So wie jenen Geissbub, der im Übermut über den Oberblegisee im Glärnischgebiet schwimmen wollte und dabei verschwand. Nur sein Kopf kam wieder zum Vorschein – er fiel seiner Mutter in den Kessel, als sie im Tal unten am Bach Wasser holte.

Wasser, das in den Bergen verschwindet, tritt meist irgendwo wieder ans Tageslicht – nicht immer so spektakulär wie bei der siebenstrahligen Quelle der Simme oder der mächtigen Rinquelle bei Betlis am Walensee. Das Wasser der Rinquelle sammelt sich einem weitverzweigten System von unterirdischen Höhlen und Flüssen im Karstgebiet des Churfirsten- und Säntismassivs. Der Hauptstrom mündet unter dem Wasserspiegel in den Walensee, die Rinquelle bildet dabei nur den Überlauf, wenn viel Wasser fliesst. Im Winter bei niedrigem Wasserstand steigen Taucher in den unterirdischen Fluss und erforschen die Wasserwunderwelt im Berg. Der Höhlentaucher Christian Steiner aus Betlis schildert das so: «Ich komme mir vor wie in Tausendundeiner Nacht. Eine unwahrscheinliche Farbenvielfalt des Gesteins: Die verschiedenen Grün-, Blau-, Grau-, Rot- und Gelbtöne schaffen eine geheimnisvolle Atmosphäre. Im Ohr habe ich das ganze Orchester des Berges: den tiefen Bass eines fernen Abflusses, dann wieder die hellen Töne einer Quelle, die in meiner Nähe zum Hauptgang stösst.»

Das Verschwinden des Wassers in abflusslosen Bergseen ist in neuerer Zeit immer wieder erforscht worden durch Einfärben des Wassers, so auch bei der Rinquelle, von der eine Sage meinte, es stamme aus dem Rhein. Wahrscheinlich wegen des Namens, wobei «Rin» einfach Wasserlauf bedeutet.

*Wie ein reissender Fluss
auf Felsen prallt, sich teilt
und wieder vereint
so werden auch wir am Ende
wieder zusammenfinden.*
Kaiser Sutoku, Sutoku Tennō, «Shikashū Tanka Nr. 229»

Wasserquellen Aus unterirdischen Wasserläufen stammen auch die Wasser der vielen Heil- und Mineralquellen in den Alpen. Das Wasser legt dabei weite Wege zurück, währenddessen es sich mit Sulfat, Magnesium, Kalzium und weiteren Mineralstoffen aus dem Gestein anreichert. Die Mineralquelle von Adelboden schreibt von einer Dauer von sieben bis zehn Jahren, bis das Wasser nach dem Versickern aus der Quelle sprudelt.

Die ersten Touristen kamen nicht als Gipfelstürmer ins Berggebiet, sondern suchten Heilung von ihren Leiden bei Mineral- und Thermalquellen. Schon 1240 ent-

deckte gemäss einer Sage ein Klosterjäger die warme Quelle in der Taminaschlucht unterhalb von Pfäfers im Sarganserland. Eine Goldgrube für die Mönche der Bendiktinerabtei, die Patienten an Seilen in die Schlucht hinunterliessen, wo sie im 36,5 Grad warmen Wasser Gicht, Rheuma, Arthritis und andere Krankheiten kurierten. Sie verharrten mehrere Tage in der finsteren Schlucht, badeten in Felslöchern und tranken das Wasser. Als erster Badearzt wirkte 1535 der berühmte Naturforscher, Arzt und Philosoph Paracelsus in Pfäfers.

Am Ausgang der Taminaschlucht entstand ab Mitte des 19. Jahrhunderts der Kurort Bad Ragaz, der zum Treffpunkt von Künstlern und Dichtern aus aller Welt wurde. Unter andern Rainer Maria Rilke, Hans Christian Andersen oder Johanna Spyri, die hier die Inspiration für ihre Heidi-Romane fand.

Einstmals berühmte alpine Badeorte verschwanden wieder, wie etwa Bad Stachelberg bei Linthal im Glarnerland oder das Bad im Rosenlaui bei Meiringen, weil die Schwefelquellen versiegten. Andere, wie Vals im bündnerischen Lugnez oder Bad Ragaz, haben den Anschluss an den Wellness- und Gesundheits-Tourismus der neueren Zeit geschafft. Die Magie des Bergwassers wirkt auch heute noch.

Und in dem Schneegebirge
Da fliesst ein Brünnlein kalt,
Und wer daraus thut trinken,
Der wird ja nimmer alt.

Ich hab' daraus getrunken
Gar manchen frischen Trunk;
Ich bin nicht alt geworden,
Ich bin noch immer jung.
Zwei Strophen eines Schlesischen Volksliedes. Nach Hofmann von Fallersleben, «Schlesische Volkslieder mit Melodien»

Wasserfälle Eines der faszinierendsten Phänomene des Wassers in den Bergen sind die Wasserfälle – mit vielfältigen Beispielen in diesem Buch. Maler und Dichter der Romantik fühlten sich von den Wasserfällen angezogen und inspiriert. Schon im 19. Jahrhundert machten Touristiker und Hoteliers die Wasserfälle und Kaskaden in ihrer Umgebung mit Stegen, Leitern und Tunnels zu Attraktionen – und sie sind es bis heute geblieben. Etwa die Gorges mystérieuses im Haute Vallée du Trient im Wallis oder die Trümmelbachfälle im Lauterbrunnental. Auch weniger erschlossene Fälle wie der Berglistüber am Klausenpass oder der Leuenfall im Alpstein werden häufig besucht. Wasserfälle rauschen, flüstern und glitzern, im aufwirbelnden Wasserstaub bricht sich das Licht in die Spektralfarben, der ewige Kreislauf des Wassers zeigt sich hier in stetiger und dramatischer Bewegung. Wir versinken für eine Weile in den Klängen des Orchesters der Natur.

Der Komponist Felix Mendelssohn Bartholdy schrieb 1831 nach einem Besuch im Lauterbrunnental: «Aber die Schönheit des Thals hat dabei einen grössern Eindruck auf mich gemacht, als ich sagen kann; es ist unendlich schade, dass Ihr damals nicht tiefer hinein als bis zum Staubbach gegangen seid; von da fängt eigentlich das Lauterbrunner Thal erst an; der schwarze Mönch, mit allen Schneebergen dahinter, wird immer gewaltiger, mächtiger; von allen Seiten kommen helle Staubwasserfälle in's Thal.»

Der Dichter Johann Wolfgang Goethe liess sich auf seiner zweiten Schweizerreise im Oktober 1779 vom Staubbachfall zum Gedicht «Gesang der Geister über den Wassern» inspirieren. Einige Wochen später besuchte er die Kaskade Pissevache bei Vernayaz im Unterwallis. In seinen «Briefen aus der Schweiz» schrieb er: «Wir wussten, dass wir uns dem berühmten Wasserfall der Pissevache näherten und wünschten einen Sonnenblick, wozu uns die wechselnden Wolken einige Hoffnung machten. An dem Wege betrachteten wir die vielen Granit- und Gneisstücke, die bei ihrer Verschiedenheit doch alle eines Ursprungs zu sein schienen. Endlich traten wir vor den Wasserfall, der seinen Ruhm vor vielen anderen verdient. In ziemlicher Höhe schiesst aus einer Felskluft ein starker Bach flammend herunter in ein Becken, wo er in Staub und Schaum sich weit und breit im Wind herumtreibt. Die Sonne trat hervor und machte den Anblick doppelt lebendig. Unten im Wasserstaube hat man einen Regenbogen hin und wieder, wie man geht, ganz nahe vor sich. Tritt man weiter hinauf, so sieht man noch eine schönere Erscheinung. Die luftigen schäumenden Wellen des oberen Strahls, wenn sie gischend und flüchtig die Linien berühren, wo in unseren Augen der Regenbogen entsteht, färben sich flammend, ohne dass die aneinanderhängende Gestalt eines Bogens erschiene; und so ist an dem Platze immer eine wechselnde feurige Bewegung. Wir kletterten daran herum, setzten uns dabei nieder und wünschten ganze Tage und Stunden des Lebens dabei zubringen zu können.»

Maler und Dichter der Romantik fühlten sich von den Wasserfällen angezogen und inspiriert: Die Cascata di Foroglio im Tessin.

Noch heute ist das in Gletschern und Stauseen gespeicherte Wasser aus den Bergen ein bedeutender Energielieferant unseres Landes: Der Gauligletscher in den Berner Alpen.

Des Menschen Seele gleicht dem Wasser:
Vom Himmel kommt es, zum Himmel steigt es,
und wieder nieder zur Erde muss es, ewig wechselnd.

Strömt von der hohen, steilen Felswand der reine Strahl,
dann stäubt er lieblich in Wolkenwellen zum glatten Fels,
und leicht empfangen, wallt er verschleiernd,
leisrauschend zur Tiefe nieder.

Ragen Klippen dem Sturz entgegen,
schäumt er unmutig stufenweise zum Abgrund.

Im flachen Bette schleicht er das Wiesental hin,
und in dem glatten See weiden ihr Antlitz alle Gestirne.

Wind ist der Welle lieblicher Buhler;
Wind mischt vom Grund aus schäumende Wogen.

Seele des Menschen, wie gleichst du dem Wasser!
Schicksal des Menschen, wie gleichst du dem Wind!
Johann Wolfgang Goethe, «Gesang der Geister über den Wassern»

Wässerwasser Heute brauchen wir keine Sagen mehr, um uns die Naturphänomene zu erklären. Die Wissenschaft erforscht sie, etwa die Wirkung der Treibhausgase auf die Erwärmung des Klimas. Die Medizin kennt den Zusammenhang zwischen Hygiene und Gesundheit, und bevor wir einen Kopfsprung in einen Bergsee tun, netzen wir uns an, um nicht einen Kälteschock zu erleiden. Wir leben in einer Kultur des Überflusses – das Wort deutet auf den Ursprung allen Lebens hin: Wasser. Wer genügend davon hat, braucht sich nicht zu sorgen, sollte aber unbedingt Sorge dazu tragen. In immer mehr Gegenden der Welt wird Krieg ums Wasser geführt, mit riesigen Dämmen leiten Regierungsprojekte das Wasser buchstäblich auf ihre eigenen Mühlen und Turbinen, während die Felder ihrer Nachbarstaaten verdorren. Weltkonzerne kaufen Mineralquellen in den Alpen als Investition in eine Zukunft, in der Wasser kostbarer sein wird als Wein – in Umkehrung des biblischen Gleichnisses. Es gibt Länder, in denen Benzin billiger ist als Wasser. Aber auch in unseren Alpen fliesst Wasser nicht überall und jederzeit in genügendem Mass. Heilige Wasser nannte man im Wallis das Wässerwasser von Gebirgsbächen, das seit Jahrhunderten in kilometerlangen Kanälen, den Suonen, in die Trockenhänge geleitet wurde, vor allem zum Bewässern von Feldern, Weinbergen und Obstgärten, aber auch als Wasch- und Trinkwasser. Schon ums Jahr 1000 soll diese Kulturtechnik bekannt gewesen sein, einen Aufschwung nahm sie nach der Warmzeit des Mittelalters, als die Bevölkerung in den Tälern rasch wuchs. Um die Mitte des letzten Jahrhunderts wurden die meisten Suonen aufgegeben, das Wasser in Röhren verlegt. Heute sind einige wieder restauriert und in Betrieb genommen worden, auch aus touristischen Gründen, zum Beispiel im Walliser Baltschiedertal. Über Wege, die dem Unterhalt dienen, führen attraktive Wanderrouten. Man kann also da und dort wieder das Schlagen der Hämmer hören, die von Wasserrädern getrieben Signal geben, ob das kostbare Nass fliesst oder ob die Suone irgendwo leckt oder verstopft ist und der Hüter ausrücken muss.

Ich liege beschaulich
An klingender Quelle
Und senke vertraulich
Den Blick in die Welle;
Ich such' in den Schäumen,
Weiss selbst nicht, wonach?
Verschollenes Träumen
Wird in mir wach.
Strophe aus: Gottfried Keller, «Am fliessenden Wasser»

Wasserkraft Unseren Überfluss verdanken wir unter anderem einer Wirtschaft, die ihre Produktivität im Lauf der Geschichte mithilfe der Wasserkraft entwickelte. Am Ausgang der Bergtäler entstanden Mühlen und Sägereien, später trieben Transmissionen die Maschinen der Textilfabriken direkt mit Wasserkraft, wie etwa im Glarnerland oder im Tösstal. Im Jahr 1879 erstrahlte erstmals ein Hotel in St. Moritz in elektrischem Licht, generiert durch das Wasser des Brattasbaches, und leitete damit die stürmische Entwicklung der alpinen Stromerzeugung ein. Ab 1908 verband eine Starkstromleitung das vom Klöntalersee gespiesene Löntschkraftwerk in Netstal im Glarnerland mit einem Flusskraftwerk in Beznau an der Aare. Es war der erste Kraftwerksverbund der Schweiz zum Zweck des Ausgleichs von Spitzenenergie und Grundlast, ein Vorläufer der elektrischen Netze. Noch heute ist das in Gletschern und Stauseen gespeicherte Wasser aus den Bergen ein be-

deutender Energielieferant und damit ein wichtiger Rohstoff unseres Landes. Die Hälfte unserer Stromproduktion stammt aus Wasserkraft.

Die Schweiz gilt als Wasserschloss Europas mit etwa 1500 Seen, über 50 grösseren Stauseen und 1800 Gletschern. In unseren Bergen entspringen die grossen Flüsse des Kontinents: der Rhein mündet in die Nordsee, die Rhone ins Mittelmeer, das Wasser des Ticino fliesst in die Adria, jenes des Inn ins Schwarze Meer. Die Nutzung der Wasserkraft der Berge mit ihren zum Teil massiven Eingriffen in Natur, Landschaft und Kulturräume führte und führt auch heute noch zu gesellschaftspolitischen Konflikten. Wasserkraft sei die sauberste Energieform, argumentieren die Befürworter von Kraftwerksbauten in den Alpen. Letztlich ist es Sonnenenergie, die das Wasser aus den Meeren in die Alpen transportiert, wir nutzen den Kreislauf der Natur. Alpine Wasserkraftwerke produzieren hochwertige Spitzenenergie. Mittlerweile gehören viele der Stauseen zum Landschaftsbild der Alpen und sind zu Ausflugszielen geworden, etwa der Göscheneralp- oder der Wägitalersee.

Auch in jüngster Zeit ist es immer wieder zu Konflikten zwischen den Ansprüchen der Energiewirtschaft und den Anliegen des Natur- und Landschaftsschutzes gekommen, etwa bei Kraftwerksprojekten auf der Greina in Graubünden oder an der Grimsel im Berner Oberland. Soll beispielsweise eine alpine Naturlandschaft einem Pumpspeicherwerk weichen, das der Speicherung von Energie dient – unter anderem aus Atom- und Kohlekraftwerken? Soll ein Moorgebiet oder ein Stück Arvenwald dem technischen Fortschritt oder wirtschaftlichen Überlegungen eines Kraftwerksunternehmens geopfert werden? Ist es sinnvoll, auch Bergbäche für Kleinkraftwerke zu nutzen, nach dem Prinzip «small is beautiful»? Gegenwärtig bremst der tiefe Strompreis den forcierten Ausbau der Wasserkraft, doch die wirtschaftlichen Verhältnisse können sich rasch ändern.

Als im Simmental die Pest wütete, kamen einige Leute in Lenk auf die Idee, dass die Zwerge, die in den Flühen oberhalb des Seebaches wohnten, an der Seuche schuld seien. Sie bewaffneten sich und stiegen dem Seebach entlang hoch, bis sie am Waldrand auf fünf Zwerge stiessen, die Holz sammelten. Die Lenker warfen die Zwerge in den Bach und brachten sie um. Der Seebach ist seither trüb und schmutzig.
Aus: Stefan Ineichen (Hrsg.), «Himmel und Erde, 101 Sagengeschichten aus der Schweiz und von ennet der Grenzen»

Wassermeditation Dieses Buch zeigt auch einige zur Energieerzeugung genutzte Bergseen wie den Palpuognasees am Albulapass oder den Lago Tremorgio in der Leventina. Wüsste man es nicht, so würde man sie aufgrund der Bilder für natürliche halten. Eigentliche Stauseen sind keine abgebildet. Die Optik dieses Buches ist nicht auf das Verlorene gerichtet, sondern auf das noch immer erhaltene Schöne, Idyllische – da und dort wohl auch durch Klimaveränderung oder technische oder touristische Projekte Bedrohte. Die Fotos zeigen, dass trotz der intensiven industriellen Nutzung der Bergwasser in unserem Land noch viele Orte zu finden sind, wo sich die Natur noch unberührt entfaltet, frei von störenden oder zerstörenden Eingriffen. Orte der Erholung, der Kraft, der Meditation, Orte zum Eintauchen in die Melodie der Berge und des Wassers. Orte, an denen man verweilen möchte, zeitlos wie in einer anderen, einer ursprünglichen Welt.

Dieses Buch ist auch eine Aufforderung, sich selber auf eine Entdeckungsreise durch die faszinierende Wasserwelt der Schweizer Berge zu machen. Fast alle der von Roland Gerth fotografierten Gewässer sind leicht zu erreichen. Für einige wie den Gauligletscher oder den Geisspfadsee braucht es etwas Ausdauer und Kondition. Manche wie die Moorseelein von Laiozz am Fuss der Cristallina verstecken sich und wollen entdeckt werden. Wir müssen keine weiten Reisen unternehmen, um die Schönheit und Poesie der Natur zu geniessen. Um vom Bergwasser zu trinken, von dem es in einem Lied heisst, man werde davon niemals mehr alt.

Wo am Wegrand ein Bach
fliesst mit glasklarem Wasser
und eine Weide steht,
da würde ich gerne noch bleiben:
«Ach, nur ein Weilchen!»
Bashō, «Shinkokinshū, Tanka Nr. 262»

Die japanischen Tanka-Gedichte stammen aus dem Buch «Gäbe es keine Kirschblüten… Tanka aus 1300 Jahren». Ausgewählt, übersetzt und herausgegeben von Yukitsuna Sasaki, Eduard Klopfenstein und Masami Ono-Feller. Philipp Reclam jun., Stuttgart 2009.
Das letzte Tanka stammt aus: «Bashō. Auf schmalen Pfaden durchs Hinterland.»
Aus dem Japanischen übertragen sowie mit einer Einführung und Annotationen versehen von G. S. Dombrady. Dieterich'sche Verlagsbuchhandlung, Mainz 1985.

In unseren Bergen entspringen die grossen Flüsse des Kontinents: Der Tomasee in Graubünden gilt als Quelle des Rheins.

Trotz der intensiven Nutzung der Bergwasser sind in unserem Land noch viele Orte zu finden, wo sich die Natur unberührt entfaltet: Der Rotten unterhalb des Rhonegletschers im Oberwallis.

Ostschweiz

#	Ort	Koordinaten	Seite
1	Säntisthur (SG)	2'742572.37, 1'231703.20	18
2	Rossfall (AR)	2'739224.07, 1'238145.54	20
3	Leuenfall (AI)	2'747238.22, 1'239549.99	21
4	Fählensee (AI)	2'749980.49, 1'235359.76	22/23
5	Seealpsee (AI)	2'748478.66, 1'237135.76	24
6	Thurfälle (SG)	2'741912.44, 1'229618.87	25
7	Seerenbachfälle (SG)	2'731049.28, 1'222314.25	26
8	Voralpsee (SG)	2'746918.45, 1'224621.55	27
9	Matossabach (SG)	2'737684.55, 1'210712.62	28/29
10	Murgbachschlucht (SG)	2'734833.18, 1'218869.45	30
11	Unterer Murgsee (SG)	2'731501.47, 1'211514.20	31
12	Heusee (SG)	2'736954.91, 1'215935.37	32
13	Schottensee (SG)	2'748700.72, 1'204626.01	33
14	Wildsee (SG)	2'748853.21, 1'203993.51	34/35

Graubünden

#	Ort	Koordinaten	Seite
15	Alp Flix (GR)	2'769330.12, 1'155871.26	36
16	Clemgia (GR)	2'823381.00, 1'175632.50	38
17	Stazersee (GR)	2'786531.66, 1'152314.82	39
18	Lagh da Saoseo (GR)	2'806672.97, 1'142080.69	40/41
19	Morteratschgletscher (GR)	2'791791.88, 1'144668.04	42
20	Ova da Morteratsch (GR)	2'792329.01, 1'146939.08	43
21	Inn (GR)	2'785951.77, 1'155019.09	44/45
22	Fuorcla Surlej (GR)	2'784569.51, 1'144838.40	46
23	Ova da Rabgiusa (GR)	2'781377.37, 1'144933.41	126/127
24	Silsersee (GR)	2'777108.84, 1'144748.68	47
25	Albula (GR)	2'779199.89, 1'161972.24	48
26	Palpuognasee (GR)	2'779867.40, 1'161592.25	49
27	Ruinaulta (GR)	2'742993.55, 1'185850.66	50
28	Crestasee (GR)	2'743608.56, 1'188445.72	51
29	Greina (GR)	2'719782.23, 1'164475.56	52/53
30	Zillis (GR)	2'753303.13, 1'166152.96	54
31	San Bernardinopass (GR)	2'732938.63, 1'150109.52	55
32	Tomasee (GR)	2'694444.94, 1'165331.03	56/57

Zentralschweiz

#	Ort	Koordinaten	Seite
33	Alpbach (UR)	2'689040.22, 1'185306.83	58
34	Berglistüber (GL)	2'709618.19, 1'192390.36	60
35	Blausee (OW)	2'662209.05, 1'180332.74	61
36	Oberalpsee (UR)	2'693827.33, 1'168434.17	62
37	Reuss (UR)	2'687684.84, 1'168066.68	63
38	Göscheneralp (UR)	2'680826.11, 1'167003.67	64/65
39	Fulensee (UR)	2'686063.40, 1'184334.75	66
40	Obersee (UR)	2'686838.37, 1'183387.26	67
41	Chessiloch (LU)	2'646398.09, 1'191271.90	68
42	Eissee (OW)	2'647342.03, 1'182389.86	69

Tessin

#	Ort	Koordinaten	Seite
43	Maggia (TI)	2'701598.63, 1'115856.04	70
44	Gotthardpass (TI)	2'686381.84, 1'157016.07	72
45	Lago Tremorgio (TI)	2'698418.39, 1'148377.53	73
46	Brenno (TI)	2'714837.57, 1'162154.21	74
47	Lago di Tom (TI)	2'695936.78, 1'156207.45	75
48	Laghetti Laiozz (TI)	2'685789.04, 1'146303.41	76/77
49	Riveo (TI)	2'692561.96, 1'127808.65	78
50	Cascata di Foroglio (TI)	2'685116.84, 1'136111.76	79
51	Verzasca (TI)	2'707877.02, 1'124029.42	80/81
52	Gole della Breggia (TI)	2'723077.43, 1'080587.48	82/83

Berner Oberland

#	Ort	Koordinaten	Seite
53	Oberaar (BE)	2'664586.23, 1'155700.10	84
54	Engstlensee (BE)	2'670153.39, 1'180642.95	86
55	Jungibäche (BE)	2'668402.61, 1'180531.85	87
56	Sustenpass (BE)	2'677227.25, 1'175838.36	88
57	Steinsee (BE)	2'676042.94, 1'175364.36	89
58	Aareschlucht (BE)	2'659280.03, 1'174336.13	90/91
59	Oltschibachfall (BE)	2'651630.08, 1'175795.43	92
60	Rosenlauischlucht (BE)	2'655063.07, 1'169809.68	93
61	Gauligletscher (BE)	2'659890.78, 1'162698.58	94/95
62	Hornseeli (BE)	2'650965.23, 1'170238.18	96
63	Chlosterseeli (BE)	2'650269.19, 1'167493.55	97
64	Trümmelbachfälle (BE)	2'636638.18, 1'157515.21	98
65	Staubbachfall (BE)	2'635747.41, 1'159910.06	99
66	Gantrischseeli (BE)	2'600097.63, 1'173395.45	100/101
67	Oeschinensee (BE)	2'622093.81, 1'149730.28	102/103
68	Lauenensee (BE)	2'591815.17, 1'138259.28	104
69	Sieben Brunnen (BE)	2'603976.55, 1'140405.51	105

Wallis

#	Ort	Koordinaten	Seite
70	Grindjesee (VS)	2'627337.45, 1'095620.86	106
71	Rhonegletscher (VS)	2'672384.38, 1'159204.79	108/109
72	Mässersee (VS)	2'660664.32, 1'134040.45	110
73	Geisspfadsee (VS)	2'662768.23, 1'133379.83	111
74	Märjelensee (VS)	2'650486.26, 1'143367.11	112/113/114
75	Aletschgletscher (VS)	2'647124.61, 1'139677.78	115
76	Riffelsee (VS)	2'625048.17, 1'092469.88	116/117
77	Lac Bleu de Louché (VS)	2'603203.99, 1'099893.71	118
78	L'Ar du Tsan (VS)	2'605525.89, 1'116524.65	119
79	Lac de Derborence (VS)	2'582898.74, 1'125319.63	120/121
80	Pissevache (VS)	2'568251.56, 1'110350.60	122
81	Gorges mystérieuses (VS)	2'564112.90, 1'102701.38	123
82	Moosfluh (VS)	2'646741.20, 1'138415.85	125

Der Ort des Gewässers kann mithilfe der Koordinaten auf der Internetseite map.geo.admin.ch ermittelt werden.

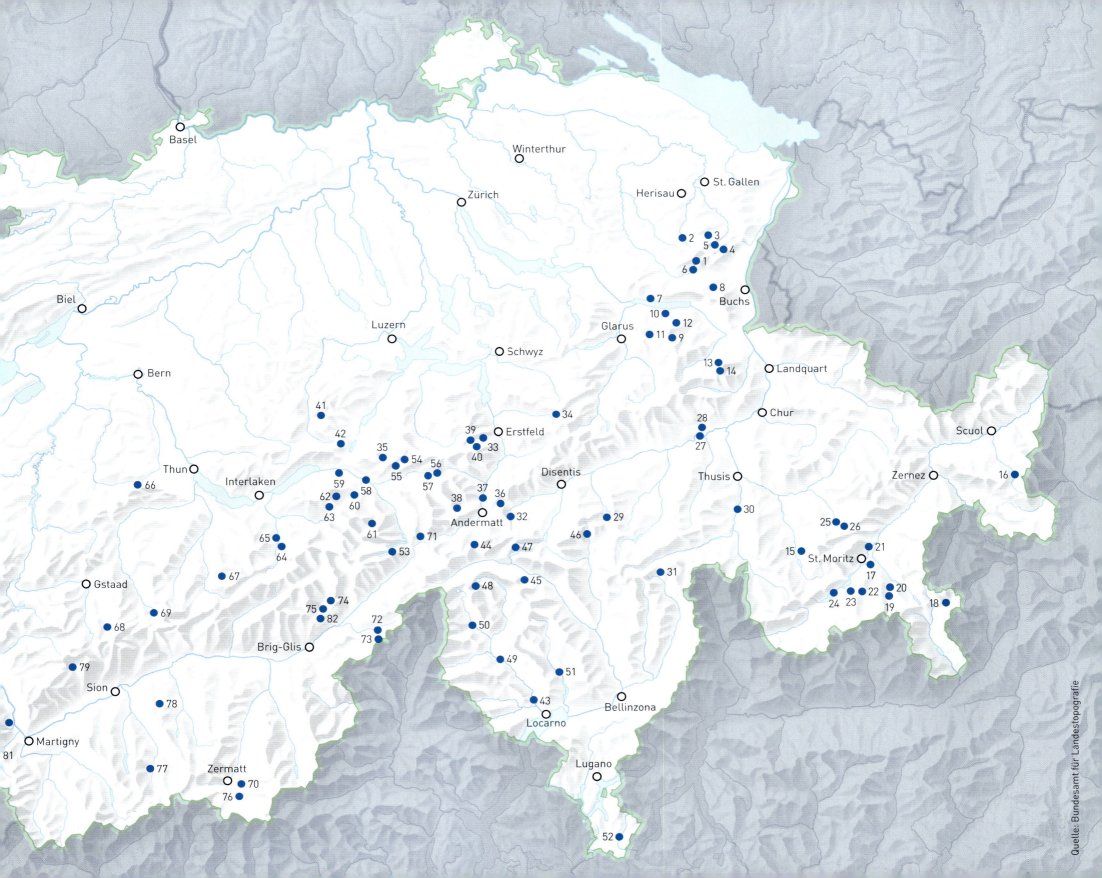

Ostschweiz

Die Säntisthur fliesst auf dem Alpli in der Gemeinde Wildhaus-Alt St. Johann im Oberen Toggenburg durch eine Alpwiese. Zwischen dem Löwenzahn gedeiht auch Bach-Nelkenwurz und die blaue Berg-Flockenblume. Am Horizont die verschneiten Churfirsten.

Links: Zu Eis erstarrt. Der Rossfall der Urnäsch südlich von Urnäsch an der Strasse zur Schwägalp, Appenzell Ausserrhoden.

Rechte Seite: Beim Leuenfall des Berndlibachs bei Weissbad im Alpstein, Appenzell Innerrhoden, fällt das Wasser frei über 34 Meter in ein Becken.

Folgende Doppelseite: Der abflusslose Fählensee bei der Bollenwees im Alpstein, Appenzell Innerrhoden. Im Hintergrund die Spitze des Altmann.

Links: Am Seealpsee am Fuss des Säntis oberhalb von Wasserauen, Appenzell Innerrhoden, ist eines der beliebtesten Ausflugsziele im Alpstein.

Rechte Seite: Die Thurfälle, eine zweistufige Kaskade der Säntisthur im Chämmerlitobel oberhalb von Unterwasser im Oberen Toggenburg mit einer gesamten Fallhöhe von 23 Metern.

Links: Links der unterste Fall der dreistufigen Seerenbachfälle bei Betlis am Walensee, mit 585 Metern einer der höchsten Wasserfälle der Schweiz. Rechts die Rinquelle, Überlauf eines Höhlen-Flusssystems unter dem Säntis- und Churfirstenmassiv.

Rechte Seite: Im Voralpsee oberhalb von Grabs im St. Galler Rheintal spiegelt sich der Höchst, ein Gipfel der Alviergruppe.

Folgende Doppelseite: Morgenstimmung am Matossabach bei der Spitzmeilenhütte im St. Galler Oberland mit der markanten Felsklippe des Spitzmeilen und dem sanften Wissmilen. Rechts im ersten Licht der Magerrain.

Links: Die Murgbachschlucht oberhalb von Murg am Walensee ist berühmt wegen des roten Verrucano-Gesteins, der Wasserfälle und Gletschermühlen.

Rechte Seite: Der Untere Murgsee, einer der drei Murgseen im Murgtal südlich des Walensees, ein alpines Pflanzenschutzgebiet und Arvenreservat.

Links: Die Churfirsten spiegeln sich im Heusee oberhalb von Quarten am Südufer des Walensees. Im Winter herrscht hier der Pistenbetrieb der Flumserberge.

Rechte Seite: Am Schottensee nördlich des Pizol im Sarganserland führt die bekannte 5-Seen-Wanderung vorbei. Blick über das Weisstannental zu den Churfirsten.

Folgende Doppelseite: Der abflusslose Wildsee am Nordhang des Pizol war einst ein Gletschersee. Über die Wildseeluggen rechts vor den Schwarzen Hörnern führt die 5-Seen-Wanderung.

Graubünden

Am Bergbach auf der Alp Flix bei Sur im Oberhalbstein gedeihen gelber Wundklee und violettes Knabenkraut. Am Horizont die Pyramide des Piz Platta oberhalb von Mulegns an der Grenze zum Avers.

Links: An der Clemgia im Val S-charl, einem Seitental in der Gemeinde Scuol im Unterengadin, mit dem Naturreservat God Tamangur, dem höchstgelegenen zusammenhängenden Arvenwald Europas.

Rechte Seite: Morgennebel über dem Stazersee bei St. Moritz, umgeben vom Stazerwald in einer von Gletschern geformten Landschaft mit Flach- und Hochmooren. Am Horizont die Pyramide des Piz Julier.

Der Lagh da Saoseo im Val di Campo, einem Seitental des Puschlavs südlich des Berninapasses, ist berühmt für das Farbenspiel des kobaltblauen Wassers und der Arven- und Lärchenwälder in seiner Umgebung.

Links: Eishöhle im Bereich der Zunge des Morteratschletschers im Berninagebiet. Der volumenstärkste Gletscher der Ostalpen ist den vergangenen hundert Jahren über zwei Kilometer zurückgegangen.

Rechte Seite: Um den Bach Ova da Morteratsch im einstigen Gletschervorfeld des Morteratschgletschers hat sich eine reiche Vegetation entwickelt: Lärchen, Zirbelkiefern wachsen hier, im Vordergrund weisse Schafgarben. Der Gipfel des Piz Bernina rechts im Hintergrund ist in Nebel gehüllt.

Folgende Doppelseite: Morgennebel am Inn zwischen Celerina und Samedan im Oberengadin. Die Ebene gehört zu den kältesten der Schweiz, im Winter werden regelmässig Temperaturen unter minus 30 Grad gemessen.

Links: Zerfasernde Kondensstreifen am Morgenhimmel über der Fuorcla Surlej am Corvatsch im Oberengadin. Am Horizont die Berninagruppe mit Piz Bernina (links), Piz Roseg und dem Sella- und Roseggletscher am Piz Glüschaint.

Rechte Seite: Der Silsersee im Oberengadin mit der Halbinsel Chastè – Lieblingsort des Philosophen Friedrich Nietzsche während seiner Aufenthalte in Sils Maria. Blick Richtung Malojapass, in der Ferne der Piz Badile im Bergell.

Links: Winterstimmung an der Albula – romanisch Alvra – bei Preda am Albulapass, dem Übergang aus dem Hinterrheintal ins Engadin. Über den Pass verläuft die Europäische Wasserscheide zwischen Rhein und Donau.

Rechte Seite: Der Palpuognasee am Albulapass ist eigentlich ein Stausee. Der ursprünglich natürliche Bergsee wurde 1898 wenig aufgestaut, um Strom für den Bau des Albulatunnels zu gewinnen; er wird noch heute zur Stromerzeugung genutzt. Im Hintergrund der Zwillingsgipfel des Dschimels.

Links: Die Ruinaulta, der Grand Canyon der Schweiz, bei Versam-Safien am Vorderrhein. Die vierhundert Meter tiefe Schlucht durch die Gesteinstrümmer des prähistorischen Flimser Bergsturzes ist ein einzigartiges Biotop mit Föhrenwäldern, in denen Orchideen gedeihen und seltene Schmetterlinge einen geschützten Lebensraum finden.

Rechte Seite: Der Crestasee im Grosswald von Flims liegt auf dem Schuttkegel des prähistorischen Flimser Bergsturzes. Er wird aus unterirdischen Quellen gespeist.

Folgende Doppelseite: Der Rein da Sumvitg – Somvixer Rhein – mäandert durch die Hochebene der Greina. Der Übergang zwischen dem Vorderrheintal und dem Tessiner Bleniotal ist Teil des Bundesinventars der Landschaften und Naturdenkmäler von nationaler Bedeutung.

Links: Filigrane Eisskulpturen verzieren einen namenlosen Wasserfall im Tuffgestein bei Zillis im Schams – Val Schons – am Hinterrhein.

Rechte Seite: Durch Gletscher geformte Moorlandschaft südlich der Passhöhe des Passo del San Bernardino zwischen Hinterrheintal und Misox. Am Rand des Teichs ragen die Blütenrispen des Gemeinen Germer auf, dazwischen eine Alpen-Kratzdistel. Am Abfluss wächst Sauerampfer.

Der Tomasee in der Nähe des Oberalppasses zwischen Vorderrhein- und Urserental. Das Naturdenkmal von nationaler Bedeutung gilt als Quelle des Rheins, der nach 1200 Kilometern in die Nordsee mündet. Die Granitblöcke an seinem Ufer sind mit verschiedenen Arten von Krustenflechten bewachsen, darunter die hellgrüne Landkartenflechte.

Zentralschweiz

Der Alpbach umspült Granitblöcke im Erstfeldertal am Weg zur Kröntenhütte in der Westhälfte des Kantons Uri.

Links: Vom ehemaligen Gasthaus Bergli in einer Kurve der Klausenpassstrasse aus ist der Berglistüber in wenigen Minuten erreichbar. Der mittlere der drei Fälle des Fätschbachs, der vom Urnerboden ins südliche Glarnerland fliesst, gilt als einer der schönsten Wasserfälle der Schweiz.

Rechte Seite: Der Blausee auf der Ebenmatt bei Melchsee-Frutt, Obwalden, wird seinem Namen gerecht. In dem flachen Gewässer spiegelt sich der Hochstollen am Übergang zum Hasliberg.

Links: Der Oberalpsee auf der Höhe des Oberalppasses zwischen dem Hinterrhein- und dem Urserental ist ein ursprünglich natürlicher See, der um sechs Meter aufgestaut worden ist. Die Nutzung durch das Elektrizitätswerk Urseren ist als erneuerbare Energiequelle zertifiziert.

Rechte Seite: Winterstimmung an der Reuss in der Schöllenenschlucht zwischen Göschenen und Andermatt im Kanton Uri unterhalb der bekannten Teufelsbrücke.

Namenloser Bergsee in einem Moorgebiet nördlich des Stausees auf der Göscheneralp im Kanton Uri. Im Wasser spiegeln sich die Gipfel der Dammakette im Morgenlicht. Darunter links der Dammagletscher, rechts der Rotfirn.

Links: Der Fulensee in einem Hochmoor unterhalb der Kröntenhütte im Erstfeldertal, Kanton Uri. Blick gegen die Felswände des Schlossbergs und den Glatt Firn.

Rechte Seite: Der Obersee liegt auf genau derselben Meereshöhe wie die nahe Kröntenhütte. Gegenüber die Älplilücke, rechts davon Älplistock und Fläugenfadhorn, links der Grat zum Vorder Schloss.

Links: Die Wasserfälle des Seebebachs im Chessiloch bei Flühli im luzernischen Entlebuch sind schon vor Jahrzehnten als touristische Attraktion mit einer Hängebrücke erschlossen worden. Die Region ist heute ein UNESCO Biosphärenreservat.

Rechte Seite: Der abflusslose Eissee am Fuss der mächtigen Schutthalden des Arnihaaggen östlich des Brienzer Rothorns. Über den Grat verläuft die Grenze zwischen Obwalden und Berner Oberland.

Tessin

Die Maggia zwängt sich bei Ponte Brolla vor der Vereinigung mit der Melezza durch eine enge Schlucht. Die Erosion hat im Gneis eine bizarre Formenwelt geschaffen.

Links: Über die Passhöhe des Gotthards verläuft die Europäische Wasserscheide zwischen Rhein und Po. In der Gegend des historischen Übergangs zwischen Uri und Tessin gibt es über ein Dutzend kleinere und grössere Bergseen, an einigen führt eine 5-Seen-Wanderung vorbei.

Rechte Seite: Der Lago Tremorgio oberhalb von Rodi-Fiesso in der Leventina wirkt mit seiner Trichterform wie ein Kratersee. Das Wasser des natürlichen Sees wird zur Stromerzeugung genutzt. Vor den Lärchen im Vordergrund eine Hochstaudenflur mit den bläulichen Blüten von Wald-Storchschnabel. Am Horizont links der doppelgipflige Pizzo Meda, rechts des Valle dei Cani der Poncione di Tremorgio, davor im Schatten der Pizzo di Mezzodi.

Links: Kaskade des Brenno, der die Hochebene der Greina ins Tessiner Bleniotal entwässert.

Rechte Seite: Der Lago di Tom, ein abflussloser Bergsee in der Nähe des Ritomsees hoch über Piotta in der Leventina. Auf der Hochfläche des Val Piora, einer Naturlandschaft mit grosser Vielfalt an Pflanzen und Tieren, gibt es etwa zwanzig kleinere und grössere Bergseen.

Folgende Doppelseite: Wollgras umkränzt einen der Laghetti Laiozz im Val del Coro zuoberst im Valle di Peccia. Die Morgensonne beleuchtet die Gipfel der Cristallina (rechts) und der Cima delle Donne. Im Schatten links der Gipfel des Pizzo del Ghiacciaio di Sasso Nero.

Links: Der Ri delle Sponde entspringt in den Südwesthängen der Punta di Spluga. Bei Riveo im Maggiatal stürzt er in Kaskaden durch eine von Kastaniengehölz umgebene Schlucht und ergiesst sich in ein Becken mit kristallklarem Wasser.

Rechte Seite: Der Fiume Calnègia aus der Gegend des Wandfluhhorns stürzt bei Foroglio im Val Bavona über eine hundert Meter hohe Felswand aus Gneis. Der Wasserfall ist bekannt als Cascata di Foroglio.

Links: Die von der Verzasca glatt geschliffenen Gneisfelsen bei Lavertezzo bilden eine natürliche Fels- und Wasserlandschaft, die einlädt zum Baden, Kraxeln, Spielen oder einfach Verweilen in freier Natur.

Rechte Seite: Die Erosion der Verzasca hat eine Formenvielfalt geschaffen, die jede künstlerische Fantasie übertrifft. Im klaren Wasser entfaltet der Gneisfels ein prächtiges Farbenspiel.

In den Kalkfelsen der Breggia-schlucht am Ausgang des Valle di Muggio nördlich von Chiasso im Sottoceneri ist ein geologischer Querschnitt durch die Gesteine von der Jurazeit bis zum Tertiär aufgeschlossen. Der Geopark «Parco delle Gole della Breggia» schützt und pflegt dieses Naturwunder, Teil des Bundesinventars der Landschaften und Naturdenkmäler von nationaler Bedeutung.

Berner Oberland

Teich bei der Bäregg oberhalb des Oberaarstausees der Kraftwerke Oberhasli im Grimselgebiet. Im Talgrund über dem Oberaargletscher die Spitze des Oberaarhorns. Rechts davon hinter dem Grat der Gipfel des Finsteraarhorns.

Links: Wollgras beim Engstlensee auf der Engstlenalp am Jochpass an der Grenze zwischen den Kantonen Bern und Obwalden. Der natürliche Bergsee ist ein beliebtes Ausflugsziel und Fischgewässer, das Wasser seines Abflusses wird von den Kraftwerken Oberhasli für die Stromerzeugung genutzt.

Rechte Seite: Ein geheimnisvolles Wasserspiel bieten die Jungibäche im Gental bei der Engstlenalp im Oberhasli. Die Kaskaden sprudeln aus Spalten und Löchern einer Felswand – ein Naturwunder, das zum Naturschutzgebiet Engstlensee-Jungibäche-Achtelsass gehört.

Links: Auf der Passhöhe des Susten kurz vor Sonnenaufgang. Am Horizont die Granitgipfel des Urnerlandes mit dem pultartigen Gross Spannort links, dann den Spitzen der Zwächten, Bächenstock und Hoch Seewen mit dem gezackten Südgrat.

Rechte Seite: Im Steinsee am Sustenpass spiegelt sich die Zunge des Steingletschers, in der Sonne die Felsen des Sustenhorns. Der Steinsee bildete sich nach einem Vorstoss des Gletschers ab etwa 1940.

Die Aareschlucht durch den Kalkfels-Riegel zwischen Meiringen und Innertkirchen im Oberhasli ist ein klassisches Ausflugsziel. Seit 1888 ist die anderthalb Kilometer lange Klamm durch einen Laufsteg und Tunnel erschlossen. Im Schatten der Schlucht gedeiht Wald-Geissbart.

Links: Der 140 Meter hohe Oltschibachfall südlich von Unterbach bei Meiringen im Berner Oberland. Über ihm die Pyramide des Wandelhorns.

Rechte Seite: Schmelzwasser des Rosenlauigletschers rauscht durch die Rosenlauischlucht am Fuss der Wetterhorngruppe im Berner Oberland. Das «Rosenlaui» war bis zum Versiegen der Schwefelquelle ein Heilbad, die Schlucht wurde vor über hundert Jahren für Touristen und Gäste des historischen Hotels zugänglich gemacht.

Im Gletschervorfeld des Gauligletschers oberhalb der Gaulihütte im oberen Ürbachtal in den östlichen Berner Alpen. Nach einer Sage habe es hier anstelle des Gletschers einst eine Alp gegeben.

Links: Das Hornseeli am Schwarzhorn nördlich der Grossen Scheidegg, dem Passübergang zwischen Grindelwald übers Rosenlaui nach Meiringen. Im Nebel die Felswände der Wetterhorngruppe.

Rechte Seite: Das Chlosterseeli, ein Moorsee westlich des Passübergangs der Grossen Scheidegg. Der Gipfel des Eigers ist in Wolken gehüllt, links der Mättenberg oberhalb von Grindelwald.

Links: Der Trümmelbach, der die Nordseite von Eiger, Mönch und Jungfrau entwässert, stürzt vor dem Grund des Lauterbrunnentals in einer engen Klamm über zehn Stufen. Seit 1913 sind die Trümmelbachfälle durch Treppen und Tunnels zugänglich gemacht, sie zählen zum schweizerischen Bundesinventar der Landschaften und Naturdenkmäler von nationaler Bedeutung.

Rechte Seite: Der 297 Meter hohe Staubbachfall bei Lauterbrunnen verdankt seinen Namen der Thermik, die im Sommer das fallende Wasser zerstäubt und aufwirbelt. Als einer der höchsten Wasserfälle der Schweiz ist er seit Langem eine Touristenattraktion, selbst Johann Wolfgang Goethe liess sich zu einem Gedicht inspirieren.

Das Gantrischseeli in einem Moorschutzgebiet am Nordhang des Gantrisch wurde 1990 durch eine Geröll- und Schlammlawine nach einem Unwetter zerstört und drohte zu verlanden. Ein Damm und ein neuer Zulauf rettete das Kleinod im Regionalen Naturpark Gantrisch im Berner Oberland.

Links: Der Oeschinensee oberhalb von Kandersteg am Fuss der Blüemlisalp- und Doldenhorngruppe besticht durch seine abgerundete Form und die hohen Felswände an seinen Ufern, über die Kaskaden von Gletscherbächen rauschen. Der Abfluss ist unterirdisch, das Wasser wird zur Stromerzeugung und auch als Trinkwasser genutzt.

Rechte Seite: Der Oeschinensee ist durch einen prähistorischen Bergsturz vom Doldenhorn (hinter dem Wasserfall) entstanden. In der Mitte die Pyramide des Fründenhorns, nach links (Osten) setzt sich der Gebirgskamm über das Oeschinenhorn zur Blüemlisalp fort.

Links: Der Lauenensee im Lauenental, das sich von Gstaad im Saanenland nach Süden zum Wildhorn zieht. Er besteht aus zwei durch Sumpfland getrennten Teilen in einem geschützten Moorgebiet. Bekannt auch durch einen Song der Berner Mundartband Span.

Rechte Seite: Bi de sibe Brünne am Fuss des Wildstrubel südlich von Lenk im Simmental tritt das Wasser in sieben Kaskaden aus der Felsspalte einer Kalksteinwand. Das Naturwunder ist die Quelle der Simme – der Name weist auf den Ursprung «sieben» hin.

Wallis

Herbstmorgen am Grindjesee auf der Findelalp oberhalb von Zermatt. Der Hörnligrat des Matterhorns scheidet Licht und Schatten.

Vorangehende Doppelseite: Der Rhonegletscher am Furkapass ist stark vom Klimawandel betroffen. Noch zu Beginn des 20. Jahrhunderts reichte seine Zunge bis in die Talsohle bei Gletsch. Durch den Rückzug ist ein Gletschersee entstanden. Blick aus der Nähe der Passstrasse zu den Gärstenhörnern.

Links: Im Mässersee, dem kleinsten von vier Bergseen oberhalb von Fäld im Binntal, spiegelt sich das Stockhorn. Ein alpines Biotop mit einer reichen Tier- und Pflanzenwelt: Kröten, Ringel- und Würfelnattern leben hier, im untiefen Wasser gedeiht Laichkraut.

Rechte Seite: Morgenlicht am Rothorn über dem Geisspfadsee am Grampielpass und Passo della Rossa (im Bild), zwei Übergängen vom Binntal ins italienische Valle Dèvero.

Folgende Doppelseite: Wollgras und niedrige Weidenbüsche wachsen im Moorgebiet am Zufluss des Märjelensees am Rand des Grossen Aletschgletschers im UNESCO-Weltnaturerbe Jungfrau-Aletsch. Im Wasser spiegelt sich das Olmenhorn, im Hintergrund lugt der Gipfel des Mönch im Jungfraugebiet hervor.

Links: Das Wasser des Märjelensees verschwindet unter dem Eis des Grossen Aletschgletschers und tritt an der Gletscherzunge im Tal der Massa wieder zutage. Als der Gletscher noch mächtiger war, verursachte der Gletscherrandsee durch plötzliche Wasserausbrüche grosse Schäden im Tal.

Rechte Seite: Granitbecken am Rand des Grossen Aletschgletschers. Die markante Mittelmoräne entsteht durch den Zusammenfluss mehrerer Gletscher am Konkordiaplatz im Jungfraugebiet. Am Horizont die Walliser Fiescherhörner mit dem Grossen Wannenhorn als höchstem Gipfel. Davor links das Olmenhorn, rechts das Strahlhorn.

Folgende Doppelseite: Die Ostwand des Matterhorns spiegelt sich im Riffelsee unterhalb der Station Rotenboden der Gornergratbahn. Wollgras säumt das stille Gewässer, links der Felssockel des Riffelhorns.

Links: Der Lac Bleu de Louché im Val d'Arolla, einem Seitental des Val d'Hérens im südlichen Unterwallis, umgeben von Lärchen und Arven, besticht durch seine Farbe und die Quelle, die nur zehn Meter über dem Seespiegel entspringt.

Rechte Seite: Durch die moorige Hochebene L'Ar du Tsan im Vallon de Réchy, einem kleinen Seitental des Rhonetals, mäandern mehrere Gebirgsbäche. Unter der Vielfalt an Pflanzen findet sich auch Bergschnittlauch, im Vordergrund gelber Bach-Steinbrech.

Der Lac de Derborence ist durch einen Bergsturz der Diablerets im Jahr 1749 entstanden, von dem der Roman «Derborence» von Charles Ferdinand Ramuz erzählt. Der See und die umgebenden Föhrenurwälder bilden ein Naturschutzgebiet von Pro Natura. Im Seespiegel die Felsspitze Tour Saint-Martin, auch Quille du Diable genannt.

Links: Bei Vernayaz im Unterwallis stürzt die Salanfe in Kaskaden bis auf die Talsohle. Den 114 Meter hohen Wasserfall Pissevache – Kuhpisse – hat schon der Dichter Johann Wolfgang Goethe bewundert.

Rechte Seite: Der Bergbach Le Trient, Abfluss des Glacier du Trient, zwängt sich bei Finhaut im Haute Vallée du Trient durch die Gorges mystérieuses. Die Schlucht ist mit Holzstegen und Leitern zugänglich gemacht bis zu einer Nymphengrotte an ihrem Grund.

Der Fotograf

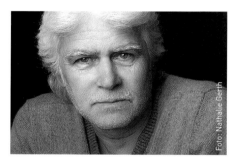

Roland Gerth, geboren 1955 in St. Gallen. Aufgewachsen in Thal am Bodensee, wo er nach einigen Wanderjahren heute wieder lebt. Ausbildung zum Primarlehrer, nebenbei erarbeitete er sich ein fotografisches Know-how, welches er auf einer 17-monatigen Reise durch Süd- und Nordamerika weiter verfeinerte.
1988 begann er, seine Bilder den Buch- und Kalenderverlagen in Deutschland und der Schweiz anzubieten. Mittlerweile wurden 33 Bücher und über 100 Autorenkalender mit seinen Fotos veröffentlicht. 2001 machte er sein Hobby zum Beruf und arbeitet seither als freischaffender Natur- und Reisefotograf.
Seine Leidenschaft gilt spektakulären Naturlandschaften, die er auf allen Kontinenten, aber auch in seiner Heimat aufspürt und in speziellem Licht festzuhalten versteht.

Der Autor

Emil Zopfi, geboren 1943, studierte Elektrotechnik und arbeitete als Entwicklungsingenieur und Computerfachmann in der Industrie. 1977 erschien der Roman «Jede Minute kostet 33 Franken». Seither hat er mehrere Romane, Hörspiele und Kinderbücher verfasst, sowie Presseartikel, Reportagen, Kurzgeschichten, und Kolumnen. Er lebt als freischaffender Schriftsteller in Zürich und ist passionierter Sportkletterer. Für seine Werke wurde er mit mehreren Preisen ausgezeichnet, u.a. von Stadt und Kanton Zürich, der Kulturstiftung Landis & Gyr, der Schweizerischen Schillerstiftung, dem Kulturpreis des Schweizer Alpenclubs 1993, dem King Albert I Mountain Award und dem Glarner Kulturpreis 2001.

Rechte Seite: Bergsee mit Binsen auf der Moosfluh oberhalb der Bettmeralp im Oberwallis. Jenseits des Tals, in dem der Aletschgletscher liegt, die Felszacken der Fusshörner.

Folgende Doppelseite: Der wild sprudelnde Bergbach Ova da Rabgiusa, der von den Nordhängen des Piz Corvatsch in den Silvaplanersee im Oberengadin fliesst.